JN416094

5권

그리스도인의 관계형성

토기장이

토기장이 바이블 스터디 틴 시리즈는
한국교회의 청소년들이 영적으로 각성되고
말씀 위에 세워지기를 소망하며
토기장이에서 만든 청소년 성경공부 교재입니다.

특별한 표기가 없는 모든 성경 구절은 개역개정성경을 인용한 것입니다.

Contents

1. 그리스도인의 관계형성

2. 믿음의 영웅들

토기장이 바이블 스터디 틴 시리즈, 이렇게 사용하면 백점 만점!

「토기장이 바이블 스터디 틴 시리즈」는 한 가지 주제 아래 통일성 있는 예배 진행을 위한 교재로서 '찬양-설교-2부 순서-성경공부'까지 물 흐르듯 연결되어 예배의 집중도를 높이고, 짧은 성경공부 시간을 최대한 활용할 수 있도록 구성된 교재입니다.

마음을 열어봐!

성경공부를 시작하기 전, 간단하지만 톡톡 튀는 아이디어들이 가득한 짧은 활동을 통해 성경공부에 대한 기대감과 흥미를 갖게 해줍니다.

성경을 열어봐!

말씀을 배우고 깊이 묵상하는 활동입니다. 설교말씀과 함께 이어지는 본문 말씀을 읽고 문제를 풀어보세요. 성령님의 도우심을 따라 말씀을 '내 것'으로 만들어 보세요.

세상을 열어봐!

배운 말씀을 삶속에 구체적으로 적용하도록 돕는 활동입니다. 이 활동을 통해 매일매일 말씀으로 살아가는 기쁨과 능력을 경험하세요. 여러분이 세상 가운데 하나님의 은혜를 흘려보내는 축복의 통로가 되기를 기대하며 기도합니다.

Toggjangi Bible Study teen series

1

그리스도인의 관계형성

01 부모님 공경하기 • 02 싸우는 가정 • 03 깨어진 가정 •
04 믿지 않는 가정 • 05 다윗의 친구 요나단 • 06 중풍병자의 네 친구 •
07 우정의 황금률 1. 선한 충고 • 08 우정의 황금률 2. 섬김

01 부모님 공경하기

성경본문 출애굽기 20:12 ; 에베소서 6:1-4 ; 누가복음 2:51-52
중심구절 출애굽기 20:12

나는 그래도 여기까지는 알고 있다!

엄마의 고등학교 시절의 꿈은?

아빠가 일하시는 직장 이름과 아빠의 정확한 직책은?

엄마의 취미는?

아빠의 어렸을 때부터 가장 친한 친구의 이름은?

우리 엄마가 태어난 년도는?

아빠가 가장 좋아하는 음식은?

나를 가장 사랑하시는 분들에 대해, 나는 얼마나 알고 있나요?

공경과 순종은 명령이다

십계명 중 제5계명 : 출애굽기 20:12 네 부모를 공경하라 그리하면 네 하나님 여호와가 네게 준 땅에서 네 생명이 길리라

바울의 권면 : 에베소서 6:1-4

1 자녀들아 주 안에서 너희 부모에게 순종하라 이것이 옳으니라
2 네 아버지와 어머니를 공경하라 이것은 약속이 있는 첫 계명이니
3 이로써 네가 잘되고 땅에서 장수하리라
4 또 아비들아 너희 자녀를 노엽게 하지 말고 오직 주의 교훈과 훈계로 양육하라

1. 십계명에는 부모님을 공경하는 사람들에 대한 약속이 있습니다. 내가 생각하는 '공경'이란 무엇인가요?

2. 바울이 말한 부모님과 자녀의 책임에 대해 말씀을 참고로 빈칸을 채워보세요.

부모님에 대한 자녀의 책임은

자녀에 대한 부모님의 책임은

3. 성경에서는 부모님이 옳지 못한 것을 요구하시거나 내가 순종하기 어려운 상황에서 어떻게 하라고 말하고 있나요?(엡 6:1)

4. 다음 말씀을 볼 때, 예수님은 부모님을 어떻게 대하셨나요?

누가복음 2:51-52

51 예수께서 함께 내려가사 나사렛에 이르러 순종하여 받드시더라 그 어머
니는 이 모든 말을 마음에 두니라
52 예수는 지혜와 키가 자라가며 하나님과 사람에게 더욱 사랑스러워 가시
더라

예수님은 부모님께 ______ 하셨다.

내가 가장 순종하기 어려울 때?

이것만큼은 부모님께 순종할 수 없다고 생각하는 것 Best 3를 뽑아 말풍선에 써보고, 오늘 배운 말씀을 토대로 이제는 어떻게 반응할지 적어보자.

변화된 나의 반응 :

변화된 나의 반응 :

변화된 나의 반응 :

기억하세요! 순종은 명령이며 약속 있는 첫 계명입니다.

02 싸우는 가정

성경본문 창세기 25:24-34, 27장, 33:3-4
중심구절 창세기 33:3-4

우리 집을 가장 잘 표현하고 있는 사자성어는?

부자유친 [父子有親]
부모는 자식에게 인자하고 자녀는 부모에게 존경과 섬김을 다함

비분강개 [悲憤慷慨]
의롭지 못한 일이나 잘못되어 가는 세태가 슬프고 분하여 마음이 북받침

경전하사 [鯨戰蝦死]
고래싸움에 새우 등 터짐. 남의 싸움에 아무 관계없는 사람이 그 싸움의 해를 입음

군계일학 [群鷄一鶴]
닭 무리 속의 한 마리 학. 즉 여러 평범한 사람들 가운데 뛰어난 한 사람이 섞여 있음

가정맹어호 [苛政猛於虎]
가혹한 정치는 호랑이보다 무서움

이삭의 가정

1. 다음 가계도를 완성하고, 보기에 등장하는 성격들 중 등장인물의 성격으로 예상되는 것을 찾아보세요.

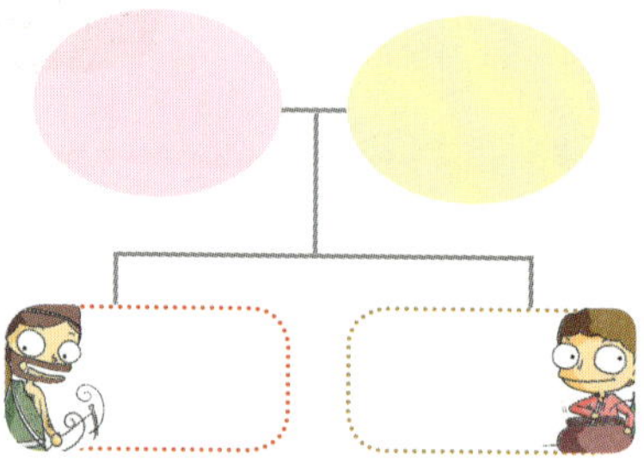

보기

① 성격이 급한 다혈질
② 우유부단한 성격
③ 속임수를 써서라도 원하는 것을 얻으려는 집념
④ 잘못인 줄 알면서도 자신만을 위해 행동한 이기심

2. 이삭의 가정에는 두 가지 문제점이 있었습니다. 첫 번째 문제는 부모에게 있었고, 두 번째 문제는 자녀 사이에 있었습니다. 그것이 무엇인지 오른쪽 본문에서 찾아 밑줄을 그어보세요.

3. 야곱이 이삭의 축복을 가로챈 사건을 계기로 이삭의 가정은 큰 위기를 겪게 됩니다. 만약 가족 구성원들이 어떻게 했다면 가정의 불화를 막을 수 있었을까요?

이삭과 리브가 :

야곱 :

에서 :

4. 서로 반목하고 원수가 되었던 야곱과 에서는 극적으로 화해하게 됩니다. 누구의 어떤 행동 때문이었나요?

가족의 형성 : 창세기 25:24-34

24 그 해산 기한이 찬즉 태에 쌍둥이가 있었
는데
25 먼저 나온 자는 붉고 전신이 털옷 같아서
이름을 에서라 하였고
26 후에 나온 아우는 손으로 에서의 발꿈치를
잡았으므로 그 이름을 야곱이라 하였으며
리브가가 그들을 낳을 때에 이삭이 육십
세였더라
27 그 아이들이 장성하매 에서는 익숙한 사냥
꾼이었으므로 들사람이 되고 야곱은 조용
한 사람이었으므로 장막에 거주하니
28 이삭은 에서가 사냥한 고기를 좋아하므로
그를 사랑하고 리브가는 야곱을 사랑하였
더라
29 야곱이 죽을 쑤었더니 에서가 들에서 돌
아와서 심히 피곤하여
30 야곱에게 이르되 내가 피곤하니 그 붉은
것을 내가 먹게 하라 한지라 그러므로
에서의 별명은 에돔이더라
31 야곱이 이르되 형의 장자의 명분을 오늘
내게 팔라
32 에서가 이르되 내가 죽게 되었으니 이
장자의 명분이 내게 무엇이 유익하리요
33 야곱이 이르되 오늘 내게 맹세하라 에서
가 맹세하고 장자의 명분을 야곱에게 판
지라
34 야곱이 떡과 팥죽을 에서에게 주매 에서
가 먹으며 마시고 일어나 갔으니 에서가
장자의 명분을 가볍게 여김이었더라

축복권 쟁탈 작전: 창세기 27장

5 이삭이 그의 아들 에서에게 말할 때에 리브
가가 들었더니 에서가 사냥하여 오려고 들
로 나가매
6 리브가가 그의 아들 야곱에게 말하여 이르
되 네 아버지가 네 형 에서에게 말씀하시는
것을 내가 들으니 이르시기를
7 나를 위하여 사냥하여 가져다가 별미를 만
들어 내가 먹게 하여 죽기 전에 여호와 앞
에서 네게 축복하게 하라 하셨으니
8 그런즉 내 아들아 내 말을 따라 내가 네게
명하는 대로
9 염소 떼에 가서 거기서 좋은 염소 새끼 두
마리를 내게로 가져오면 내가 그것으로 네
아버지를 위하여 그가 즐기시는 별미를 만
들리니
10 네가 그것을 네 아버지께 가져다 드려서
그가 죽기 전에 네게 축복하기 위하여 잡
수시게 하라
18 야곱이 아버지에게 나아가서 내 아버지여
하고 부르니 이르되 내가 여기 있노라 내
아들아 네가 누구냐
19 야곱이 아버지에게 대답하되 나는 아버지
의 맏아들 에서로소이다 아버지께서 내게
명하신 대로 내가 하였사오니 원하건대 일
어나 앉아서 내가 사냥한 고기를 잡수시고
아버지 마음껏 내게 축복하소서
24 이삭이 이르되 네가 참 내 아들 에서냐 그
가 대답하되 그러하니이다
34 에서가 그의 아버지의 말을 듣고 소리 내
어 울며 아버지에게 이르되 내 아버지여
내게 축복하소서 내게도 그리하소서
35 이삭이 이르되 네 아우가 와서 속여 네 복
을 빼앗았도다
41 그의 아버지가 야곱에게 축복한 그 축복
으로 말미암아 에서가 야곱을 미워하여 심
중에 이르기를 아버지를 곡할 때가 가까웠
은즉 내가 내 아우 야곱을 죽이리라 하였
더니

화해 : 창세기 33:3-4

3 자기는 그들 앞에서 나아가되 몸을 일곱 번
땅에 굽히며 그의 형 에서에게 가까이 가니
4 에서가 달려와서 그를 맞이하여 안고 목을
어긋맞추어 그와 입 맞추고 서로 우니라

그림으로 그려보는 가족 관계도

아래 식탁의 각 자리에 나를 포함한 가족 구성원 모두를 그려 넣고, 가족 구성원의 관계를 다른 색의 선으로 표시해 보세요.

◆ **갈등관계 : 빨간색 | 좋은 관계 : 파란색 | 그저 그렇다 : 검정색**

몇 군데에 빨간 선이 그려졌나요? 만약 빨간색으로 선을 그어야 하는 관계가 한 군데 이상 있었다면, 바로 당신이 일할 때입니다.

나는 야곱처럼 어떤 일을 통해 가정을 화목하게 하는데 기여할 수 있을까요?

03 깨어진 가정

성경본문 룻기 1:1-18, 4:13-15
중심구절 룻기 1:17

원치 않았지만 일어날 수 있는 일

☐ 절망하고 낙심한다.

☐ 회복을 위해 노력한다.

☐ 그냥 체념하고 적응한다.

룻의 가정에 일어난 일

룻기 1:1-18

1 사사들이 치리하던 때에 그 땅에 흉년
이 드니라 유다 베들레헴에 한 사람이
그의 아내와 두 아들을 데리고 모압 지
방에 가서 거류하였는데
2 그 사람의 이름은 엘리멜렉이요 그의
아내의 이름은 나오미요 그의 두 아들
의 이름은 말론과 기룐이니 유다 베들
레헴 에브랏 사람들이더라 그들이 모압
지방에 들어가서 거기 살더니
3 나오미의 남편 엘리멜렉이 죽고 나오미
와 그의 두 아들이 남았으며
4 그들은 모압 여자 중에서 그들의 아내
를 맞이하였는데 하나의 이름은 오르바
요 하나의 이름은 룻이더라 그들이 거
기에 거주한 지 십 년쯤에
5 말론과 기룐 두 사람이 다 죽고 그 여인
은 두 아들과 남편의 뒤에 남았더라
8 나오미가 두 며느리에게 이르되 너희는
각기 너희 어머니의 집으로 돌아가라
너희가 죽은 자들과 나를 선대한 것같
이 여호와께서 너희를 선대하시기를 원
하며
9 여호와께서 너희에게 허락하사 각기 남
편의 집에서 위로를 받게 하시기를 원
하노라 하고 그들에게 입 맞추매 그들
이 소리를 높여 울며
10 나오미에게 이르되 아니니이다 우리는
어머니와 함께 어머니의 백성에게로
돌아가겠나이다 하는지라
13 너희가 어찌 그들이 자라기를 기다리
겠으며 어찌 남편 없이 지내겠다고 결
심하겠느냐 내 딸들아 그렇지 아니하
니라 여호와의 손이 나를 치셨으므로
나는 너희로 말미암아 더욱 마음이 아
프도다 하매
14 그들이 소리를 높여 다시 울더니 오르
바는 그의 시어머니에게 입 맞추되 룻
은 그를 붙좇았더라
15 나오미가 또 이르되 보라 네 동서는 그
의 백성과 그의 신들에게로 돌아가나니
너도 너의 동서를 따라 돌아가라 하니
16 룻이 이르되 내게 어머니를 떠나며 어
머니를 따르지 말고 돌아가라 강권하
지 마옵소서 어머니께서 가시는 곳에
나도 가고 어머니께서 머무시는 곳에
서 나도 머물겠나이다 어머니의 백성
이 나의 백성이 되고 어머니의 하나님
이 나의 하나님이 되시리니
17 어머니께서 죽으시는 곳에서 나도 죽
어 거기 묻힐 것이라 만일 내가 죽는
일 외에 어머니를 떠나면 여호와께서
내게 벌을 내리시고 더 내리시기를 원
하나이다 하는지라
18 나오미가 룻이 자기와 함께 가기로 굳
게 결심함을 보고 그에게 말하기를 그
치니라

룻기 4:13-15

13 이에 보아스가 룻을 맞이하여 아내로
삼고 그에게 들어갔더니 여호와께서
그에게 임신하게 하시므로 그가 아들
을 낳은지라
14 여인들이 나오미에게 이르되 찬송할지
로다 여호와께서 오늘 네게 기업 무를
자가 없게 하지 아니하셨도다 이 아이
의 이름이 이스라엘 중에 유명하게 되
기를 원하노라
15 이는 네 생명의 회복자이며 네 노년의
봉양자라 곧 너를 사랑하며 일곱 아들
보다 귀한 네 며느리가 낳은 자로다 하
니라

1. 룻의 가정에 불어닥친 위기는 어떤 것이었나요?(룻 1:3-5)

2. 가정에 위기가 닥치자 룻의 가족 구성원들은 각각 어떻게 하기로 했나요?(룻 1:8-18)

3. 소중한 것을 잃게 된 상황에서 룻은 어떻게 하기로 결정했나요?(룻 1:16-18)

4. 하나님이 룻의 가정에 어떤 일을 일으켜주셨나요?(4:13-15)

예수님의 명령, 좌절 금지

이혼이나 죽음, 별거의 상황 때문에 설령 슬프고 가슴 아픈 일이 일어나더라도 하나님은 당신에게 이렇게 명령하십니다!

좌절금지

찬송하리로다 그는 우리 주 예수 그리스도의 하나님이시요
자비의 아버지시요 모든 위로의 하나님이시며 우리의 모든 환난 중에서 우리를 위로하사
우리로 하여금 하나님께 받는 위로로써
모든 환난 중에 있는 자들을 능히 위로하게 하시는 이시로다(고후 1:3-4)

04 믿지 않는 가정

성경본문 로마서 9:1-3 ; 고린도전서 7:14-16 ; 골로새서 4:2-4
중심구절 골로새서 4:3

미리 보는 천국의 가족사진

천국에서 다시 만난 가족들과 가족사진을 찍는다면 어떤 장면이 찍힐까요? 평소 사용하지 않는 손을 사용해서(오른손잡이라면 왼손으로) 상상력을 발휘해 그려보세요.

혹시 그리지 못한 가족이 있었나요? 어떤 마음이 들었나요?

믿지 않는 가족이 있다면

찢어지는 마음 : 로마서 9:1-3

1-2 내가 그리스도 안에서 참말을 하고 거짓말을 아니하노라 나에게 큰 근심이
있는 것과 마음에 그치지 않는 고통이 있는 것을 내 양심이 성령 안에서 나와
더불어 증언하노니
3 나의 형제 곧 골육의 친척을 위하여 내 자신이 저주를 받아 그리스도에게서 끊
어질지라도 원하는 바로라

믿지 않는 가족에 대해서 : 고린도전서 7:14-16

14 믿지 아니하는 남편이 아내로 말미암아 거룩하게 되고 믿지 아니하는 아내가
남편으로 말미암아 거룩하게 되나니 그렇지 아니하면 너희 자녀도 깨끗하지
못하니라 그러나 이제 거룩하니라
15 혹 믿지 아니하는 자가 갈리거든 갈리게 하라 형제나 자매나 이런 일에 구애
될 것이 없느니라 그러나 하나님은 화평 중에서 너희를 부르셨느니라
16 아내 된 자여 네가 남편을 구원할는지 어찌 알 수 있으며 남편 된 자여 네가
네 아내를 구원할는지 어찌 알 수 있으리요

골로새서 4:2-4

2 기도를 계속하고 기도에 감사함으로 깨어 있으라
3 또한 우리를 위하여 기도하되 하나님이 전도할 문을 우리에게 열어 주사 그리
스도의 비밀을 말하게 하시기를 구하라 내가 이 일 때문에 매임을 당하였노라
4 그리하면 내가 마땅히 할 말로써 이 비밀을 나타내리라

1. 바울이 근심과 그치지 않는 고통을 호소한 이유는 누구 때문인가요?(롬 9:3)

2. 바울은 골육의 친척의 구원을 위해서 무엇마저 포기할 수 있다고 했나요?

3. 바울이 믿지 않는 가족과 헤어지지 말라고 한 이유는 무엇인가요?(고전 7:14,16)

❶ 믿는 가족으로 인해 믿지 않는 가족이 ☐☐ 해질 수 있기 때문에

❷ 혹시 그를 ☐☐ 할 수 있을지도 모르기 때문에

4. 가족의 구원을 위해 가장 먼저 해야 할 일은 무엇일까요?(골 4:3)

가족 구원 프로젝트

믿지 않는 가족을 위해 기도하고 있지만, 아직 응답받지 못해서 가슴 아파하고 있다면 다시 시작해보세요. 가족 구원 프로젝트!

단계	제목	내가 실천할 수 있는 일
1단계 첫 번째 주	관계 회복	
2단계 두 번째 주	신앙 고백을 위한 적절한 타이밍 찾기	
3단계 세 번째 주	초청하기	
4단계 마지막 주	함께 믿음생활을 지속할 수 있도록 관계 강화하기	

보기 성경 선물하기, 마음의 선물하기, 교회에 도움 요청하기, 편지 쓰기, 가족과 함께하는 시간 갖기, 친구에게 기도 요청, 교회에 기도 요청, 작정기도, 믿는 가족에게 도움 요청하기, 가족에게 이벤트 해주기 등

눈물을 흘리며 씨를 뿌리는 자는 기쁨으로 거두리로다 울며 씨를 뿌리러 나가는 자는 반드시 기쁨으로 그 곡식 단을 가지고 돌아오리로다(시 126:5-6)

05 다윗의 친구 요나단

성경본문 사무엘상 18:1-4, 19:1-4, 20:12-17,42
중심구절 사무엘상 18:1

나는 꼭 이런 애들이랑 친구하더라!

나와 가장 친한 친구들의 이름을 쓰고, 그들에 대해 적어보세요.

	친해진 계기는?	성격은?	혈액형과 취미	공부는?
교회에서 제일 친한 친구 (　　　)				
학교에서 제일 친한 친구 (　　　)				
어린 시절부터 알아온 친한 친구 (　　　)				

당신이 친구를 사귈 때 가장 중요하게 생각하는 가치는 무엇인가요?

① 나와 관심사가 비슷한가? ② 만나기 쉬운가? ③ 성격이 좋은 사람인가?
④ 내 인생에 도움이 되는가? ⑤ 같이 시간을 보내기에 즐거운 사람인가?

우정서약서

사무엘상 18:1-4

1 다윗이 사울에게 말하기를 마치매 요나
단의 마음이 다윗의 마음과 하나가 되
어 요나단이 그를 자기 생명같이 사랑
하니라
3 요나단은 다윗을 자기 생명같이 사랑하
여 더불어 언약을 맺었으며
4 요나단이 자기가 입었던 겉옷을 벗어
다윗에게 주었고 자기의 군복과 칼과
활과 띠도 그리하였더라

사무엘상 19:1-4

1 사울이 그의 아들 요나단과 그의 모든
신하에게 다윗을 죽이라 말하였더니 사
울의 아들 요나단이 다윗을 심히 좋아
하므로
2 그가 다윗에게 말하여 이르되 내 아버
지 사울이 너를 죽이기를 꾀하시느니라
그러므로 이제 청하노니 아침에 조심하
여 은밀한 곳에 숨어 있으라
3 내가 나가서 네가 있는 들에서 내 아버지
곁에 서서 네 일을 내 아버지와 말하다
가 무엇을 보면 네게 알려 주리라 하고
4 요나단이 그의 아버지 사울에게 다윗을
칭찬하여 이르되 원하건대 왕은 신하
다윗에게 범죄하지 마옵소서 그는 왕께
득죄하지 아니하였고 그가 왕께 행한
일은 심히 선함이니이다

사무엘상 20:12-19, 42

12 요나단이 다윗에게 이르되 이스라엘의
하나님 여호와께서 증언하시거니와 내
가 내일이나 모레 이맘때에 내 아버지
를 살펴서 너 다윗에게 대한 의향이 선
하면 내가 사람을 보내어 네게 알리지
않겠느냐
13 그러나 만일 내 아버지께서 너를 해치
려 하는데도 내가 이 일을 네게 알려
주어 너를 보내어 평안히 가게 하지 아
니하면 여호와께서 나 요나단에게 벌
을 내리시고 또 내리시기를 원하노라
여호와께서 내 아버지와 함께 하신 것
같이 너와 함께 하시기를 원하노니
14 너는 내가 사는 날 동안에 여호와의 인
자하심을 내게 베풀어서 나를 죽지 않
게 할 뿐 아니라
15 여호와께서 너 다윗의 대적들을 지면
에서 다 끊어 버리신 때에도 너는 네
인자함을 내 집에서 영원히 끊어 버리
지 말라 하고
16 이에 요나단이 다윗의 집과 언약하기
를 여호와께서는 다윗의 대적들을 치
실지어다 하니라
17 다윗에 대한 요나단의 사랑이 그를 다
시 맹세하게 하였으니 이는 자기 생명
을 사랑함같이 그를 사랑함이었더라
42 요나단이 다윗에게 이르되 평안히 가
라 우리 두 사람이 여호와의 이름으로
맹세하여 이르기를 여호와께서 영원히
나와 너 사이에 계시고 내 자손과 네
자손 사이에 계시리라 하였느니라 하
니 다윗은 일어나 떠나고 요나단은 성
읍으로 들어가니라

1. 요나단과 다윗은 두 번에 걸쳐 언약을 맺습니다. 본문을 근거로 이들이 썼을 것이라 예상되는 우정서약서를 작성해보세요.

우정서약서

내용 :

서명 다윗 & 요나단

2. 요나단의 우정의 특징을 성경에서 찾아보세요.

① 다윗을 ______ (감정)

② 다윗을 위해 ______ (행동)

③ 다윗에게 하나님이 ______ (축복)

나의 우정을 생각해 볼 때

진단 내용	맞다	틀리다
나는 친구에게 받기보다는 베푸는 편이다.		
나는 친구와 함께 있을 때 모든 일을 더 잘하게 된다.		
나는 친구와 심각한 문제에 대해 자주 상의한다.		
내 친구는 항상 나를 의지한다.		
나는 친구들의 생각과 감정을 존중한다.		
친구가 아플 때 나는 어떻게든 도움이 되고 싶다.		
친구를 돕다가 내가 불이익을 당하더라도 마땅히 돕는다.		
나는 한 번 친구가 되면 오랫동안 좋은 관계를 유지한다.		
나는 친구들 위에 군림하려 들지 않는다.		
일단 친구가 되면, 내 자신처럼 친구를 사랑한다.		

위 항목에 답하면서 나는 요나단처럼 좋은 친구라고 느꼈나요?
다윗과 요나단처럼 친구를 위해 헌신과 신의, 존경과 사랑을 하고 있나요?
만약 그렇지 않다면 어떤 점을 더 보완해야 할까요?

네 친구와 네 아비의 친구를 버리지 말며 네 환난 날에 형제의 집에 들어가지 말지어다 가까운 이웃이 먼 형제보다 나으니라(잠 27:10)

06 중풍병자의 네 친구

성경본문 누가복음 5:17-26
중심구절 누가복음 5:24-25

나는 이럴 때 어떻게 행동하나?

1. 가장 친한 친구가 함께 어울리는 그룹과 다투고 왕따가 되었다면?

2. 누군가가 내 친구의 험담을 한다면?

3. 친구네 집이 경제적으로 어려워져서 빈대가 되어간다면?

당신의 대답은 당신이 그리스도인으로서 좋은 친구인지를 보여줍니까?

중풍병자의 네 친구

누가복음 5:17-26

17 하루는 가르치실 때에 갈릴리의 각 마을과 유대와 예루살렘에서 온 바리
새인과 율법교사들이 앉았는데 병을 고치는 주의 능력이 예수와 함께하
더라
18 한 중풍병자를 사람들이 침상에 메고 와서 예수 앞에 들여놓고자 하였으나
19 무리 때문에 메고 들어갈 길을 얻지 못한지라 지붕에 올라가 기와를 벗기
고 병자를 침상째 무리 가운데로 예수 앞에 달아 내리니
20 예수께서 그들의 믿음을 보시고 이르시되 이 사람아 네 죄 사함을 받았느
니라 하시니
21 서기관과 바리새인들이 생각하여 이르되 이 신성 모독하는 자가 누구냐

1. 어떤 병이라도 고쳐주신다는 예수님이 동네에 들어오셨을 때, 중풍병자가 느낀 절망감은 무엇이었을까요?

2. 예수님 앞으로 중풍병자를 데려가려고 했던 친구들에게 장애물이 생겼을 때 이들은 어떻게 했나요?

① 포기하고 돌아간다.
② 상황을 원망한다.
③ 적극적으로 해결 방법을 찾는다.

⋯› 그래서 중풍병자의 네 친구들은

오직 하나님 외에 누가 능히 죄를 사하겠느냐
22 예수께서 그 생각을 아시고 대답하여 이르시되 너희 마음에 무슨 생각을
하느냐
23 네 죄 사함을 받았느니라 하는 말과 일어나 걸어가라 하는 말이 어느 것이
쉽겠느냐
24 그러나 인자가 땅에서 죄를 사하는 권세가 있는 줄을 너희로 알게 하리라
하시고 중풍병자에게 말씀하시되 내가 네게 이르노니 일어나 네 침상을 가
지고 집으로 가라 하시매
25 그 사람이 그들 앞에서 곧 일어나 그 누웠던 것을 가지고 하나님께 영광을
돌리며 자기 집으로 돌아가니
26 모든 사람이 놀라 하나님께 영광을 돌리며 심히 두려워하여 이르되 오늘
우리가 놀라운 일을 보았다 하니라

3. 예수님이 중풍병자의 죄를 사해주시고, 병도 고쳐주신 이유는 무엇인가요?

4. 이 사건 이후, 네 명의 친구를 인터뷰한다면, 다음 질문에 대해 어떤 대답을 했을지 생각해보세요.

우정 레시피 만들기

당신은 우정을 요리하는 요리사입니다. 멋진 재료들로 최고의 요리를 만들기 위한 당신만의 레시피를 만들어보세요.

요리 이름 :

레시피 :

재료

사랑 가득 만두, 애정 담긴 눈빛 치즈, 미소 된장, 넓은 마음 다시마, 친절 계란, 둥글둥글 양파, 톡 쏘는 고추기름, 기쁨 멸치가루, 용기의 파, 언제나 널 위해 라면 등

07

우정의 황금률 1.

선한 충고

성경본문 욥기 6:14-15,22,25-26 ; 사무엘하 13:3-5 ; 열왕기상 12:8-11
중심구절 잠언 27:9

내가 내 친구에게 가장 많이 '충고'하는 말은?

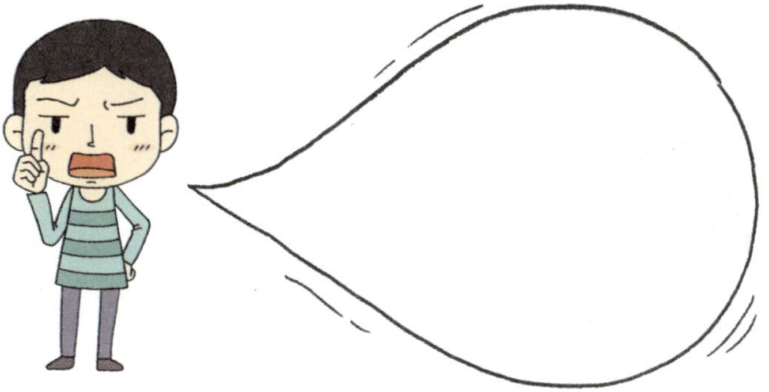

나도 모르는 사이에 친구에게 한 말들이 혹시 "사랑의 언어와 충성된 충고"가
아니라 "마음을 상하게 하는 비아냥거림"은 아니었나요?

성경에 나오는 최악의 친구들 Best 3

1. 다음 표를 보고 성경본문을 토대로 맞는 것끼리 연결해보세요.

욥의 친구들

암논의 친구 요나답

르호보암의 친구들

친구의 비위를 맞추려고 아첨하는 충고를 했다	친구를 더욱 힘들게 만들었다
힘든 친구를 위로하기는 커녕 책망했다	친구가 죄를 짓게 만들었다
친구에게 속임수를 쓰도록 부추겼다	친구가 실패하도록 만들었다

2. 주인공의 친구들이 어떤 기준을 가지고 이러한 충고를 했나요?

3. 주인공의 친구들이 결국 '나쁜 친구들'로 기억되는 것은 무엇 때문인가요?

불난 데 부채질하는 스타일: 욥의 친구들(욥기 6:14-15,22,25-26)

14 낙심한 자가 비록 전능자를 경외하기를 저버릴지라도 그의 친구로부터 동정
을 받느니라
15 내 형제들은 개울과 같이 변덕스럽고 그들은 개울의 물살 같이 지나가누나
22 내가 언제 너희에게 무엇을 달라고 말했더냐 나를 위하여 너희 재물을 선물로
달라고 하더냐
25 옳은 말이 어찌 그리 고통스러운고, 너희의 책망은 무엇을 책망함이냐
26 너희가 남의 말을 꾸짖을 생각을 하나 실망한 자의 말은 바람에 날아가느니라

악의 길로 인도하는 스타일: 암논의 친구 요나답 (사무엘하 13:3-5)

3 암논에게 요나답이라 하는 친구가 있으니 그는 다윗의 형 시므아의 아들이요
심히 간교한 자라
4 그가 암논에게 이르되 왕자여 당신은 어찌하여 나날이 이렇게 파리하여 가느
냐 내게 말해 주지 아니하겠느냐 하니 암논이 말하되 내가 아우 압살롬의 누이
다말을 사랑함이니라 하니라
5 요나답이 그에게 이르되 침상에 누워 병든 체하다가 네 아버지가 너를 보러 오
거든 너는 그에게 말하기를 원하건대 내 누이 다말이 와서 내게 떡을 먹이되
내가 보는 데에서 떡을 차려 그의 손으로 먹여 주게 하옵소서 하라 하니

아첨으로 친구를 위태롭게 하는 스타일: 르호보암의 친구들(열왕기상 12:8-11)

8 왕이 노인들이 자문하는 것을 버리고 자기 앞에 모셔 있는 자기와
함께 자라난 어린 사람들과 의논하여
9 이르되 너희는 어떻게 자문하여 이 백성에게 대답하게 하겠느냐 백성이 내게 말하
기를 왕의 아버지가 우리에게 메운 멍에를 가볍게 하라 하였느니라
10 함께 자라난 소년들이 왕께 아뢰어 이르되 이 백성들이 왕께 아뢰기를 왕의 부친
이 우리의 멍에를 무겁게 하였으나 왕은 우리를 위하여 가볍게 하라 하였은즉 왕
은 대답하기를 내 새끼 손가락이 내 아버지의 허리보다 굵으니
11 내 아버지께서 너희에게 무거운 멍에를 메게 하였으나 이제 나는 너희의
멍에를 더욱 무겁게 할지라 내 아버지는 채찍으로 너희를 징계하였으나
나는 전갈 채찍으로 너희를 징계하리라 하소서

당신이 할 수 있는 충고는?

기름과 향이 사람의 마음을 즐겁게 하나니 친구의 충성된 권고가 이와 같이 아름다우니라(잠 27:9)

08 우정의 황금률 2.
섬김

성경본문 마태복음 20:20-28
중심구절 마태복음 20:26-27

짱의 조건

인기가 많고 늘 리더 역할을 하는 친구들에게만 있는 특별한 1%는 무엇일지 아래 아바타에 조건을 입력해보세요.

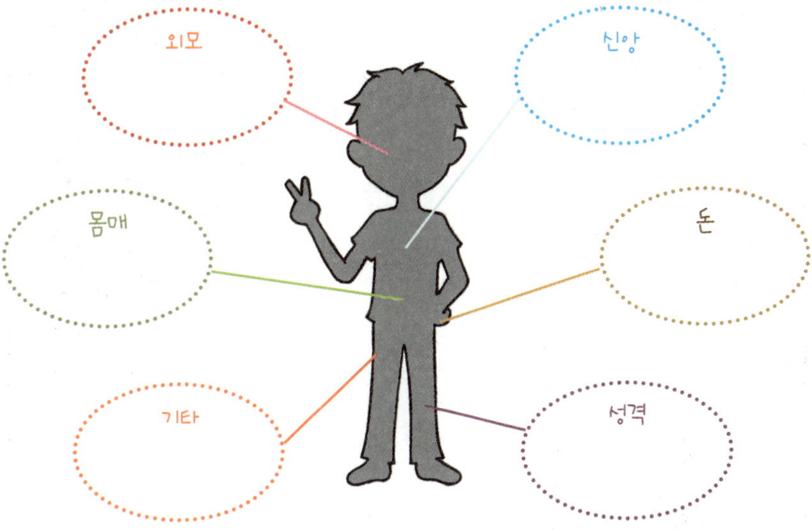

내가 가장 중요하게 생각하는 짱의 조건은? ______________ 다.

짝이 되고픈 마음은 제자들도 똑같았다!

마태복음 20:20-28

20 그 때에 세베대의 아들의 어머니가
그 아들들을 데리고 예수께 와서 절
하며 무엇을 구하니
21 예수께서 이르시되 무엇을 원하느냐
이르되 나의 이 두 아들을 주의 나라
에서 하나는 주의 우편에, 하나는 주
의 좌편에 앉게 명하소서
22 예수께서 대답하여 이르시되 너희는
너희가 구하는 것을 알지 못하는도다
내가 마시려는 잔을 너희가 마실 수
있느냐 그들이 말하되 할 수 있나이다
23 이르시되 너희가 과연 내 잔을 마시
려니와 내 좌우편에 앉는 것은 내가
주는 것이 아니라 내 아버지께서 누
구를 위하여 예비하셨든지 그들이 얻
을 것이니라
24 열 제자가 듣고 그 두 형제에 대하여
분히 여기거늘
25 예수께서 제자들을 불러다가 이르시
되 이방인의 집권자들이 그들을 임
의로 주관하고 그 고관들이 그들에
게 권세를 부리는 줄을 너희가 알거
니와
26 너희 중에는 그렇지 않아야 하나니
너희 중에 누구든지 크고자 하는 자
는 너희를 섬기는 자가 되고
27 너희 중에 누구든지 으뜸이 되고자
하는 자는 너희의 종이 되어야 하리라
28 인자가 온 것은 섬김을 받으려 함이
아니라 도리어 섬기려 하고 자기 목
숨을 많은 사람의 대속물로 주려 함
이니라

1. 본문을 보고 왼쪽 만화의 빈칸을 채워보세요.

2. 예수님이 아직도 깨닫지 못한 제자들에게 말씀해주신 비밀은 무엇인가요?

그리스도인들의 높음은 세상의 높음과 어떻게 달라야 하나?

그리스도인들 가운데서는 누가 높은 사람인가?

예수님은 무엇을 위해서 오셨나?

3. 예수님이 말씀하신 '섬김'은 어떻게 우리의 친구관계에 적용될 수 있을까요?

나는 정말 섬기고 있을까?

다음 테스트를 통해 내가 친구들을 잘 섬기고 있는지 점검해보세요. 만약 30점 이하라면, 섬김 운동을 위한 훈련을 시작해야겠죠?
각 항목을 10점 만점으로 환산해 점수를 적으세요.

- [ ] 친구들과 무엇을 하기로 결정할 때, 나는 내 의견을 주장하기보다는 친구들의 의견을 따라주는 편이다.
- [ ] 비록 내 계획에 없는 일일지라도 친구의 부탁이라면 끝까지 도와준다.
- [ ] 친구들과 함께 있을 때, 나는 주저하지 않고 그들을 섬긴다.
- [ ] 친구들은 나에게 도움을 청하면 내가 들어줄 것이라고 믿고 있다.
- [ ] 나는 친구들을 나보다 못하다고 여기지 않고, 그들에게 배울 점이 많이 있다고 생각하고 존중함으로 대한다.

총계 :   점

매우 그렇다(10) : 그런 편이다(7) : 보통이다(5) : 그렇지 않다(2) : 전혀 아니다(0)

10점 이하라면, 친구의 의견을 경청하는 것부터 시작하세요!
20점 이하라면, 친구의 부탁을 최소한 50%는 들어주려고 노력해보세요.
30점 이하라면, 몸을 움직여 친구를 섬길 방법을 최소한 하루에 1가지씩 실천해보세요.

Togijangi Bible Study teen series

2

믿음의 영웅들

01 믿음의 영웅들 • **02** 순종하는 믿음, 노아 • **03** 내려놓음의 축복, 아브라함 •
04 시련을 이기는 믿음, 요셉 • **05** 인생을 바꾼 믿음, 라합 • **06** 기적을 부르는 믿음, 바디매오 •
07 믿기 어려울 때 • **08** 칭찬받는 믿음

01 믿음의 영웅들

성경본문 히브리서 11:1-31
중심구절 히브리서 11:6

믿음이란?

믿음이란 무엇일까요? 각 유형을 보고 자신의 생각을 이야기해보세요.

A 유형

무조건 확신! 이것이 진정한 믿음!

B 유형

믿음은 주님에 대한 신뢰

C 유형

믿음은 온전히 주님을 의지하는 것

D 유형

믿음은 의심이 없는 마음의 상태

믿음의 영웅들

히브리서 11:1-31

1 믿음은 바라는 것들의 실상이요 보지 못하는 것들의 증거니
2 선진들이 이로써 증거를 얻었으니라
3 믿음으로 모든 세계가 하나님의 말씀으로 지어진 줄을 우리가 아나니 보이는 것은 나타난 것으로 말미암아 된 것이 아니니라
4 믿음으로 아벨은 가인보다 더 나은 제사를 하나님께 드림으로 의로운 자라 하시는 증거를 얻었으니 하나님이 그 예물에 대하여 증언하심이라 그가 죽었으나 그 믿음으로써 지금도 말하느니라
5 믿음으로 에녹은 죽음을 보지 않고 옮겨졌으니 하나님이 그를 옮기심으로 다시 보이지 아니하였느니라 그는 옮겨지기 전에 하나님을 기쁘시게 하는 자라 하는 증거를 받았느니라
6 믿음이 없이는 하나님을 기쁘시게 하지 못하나니 하나님께 나아가는 자는 반드시 그가 계신 것과 또한 그가 자기를 찾는 자들에게 상 주시는 이심을 믿어야 할지니라
7 믿음으로 노아는 아직 보이지 않는 일에 경고하심을 받아 경외함으로 방주를 준비하여 그 집을 구원하였으니 이로 말미암아 세상을 정죄하고 믿음을 따르는 의의 상속자가 되었느니라
8 믿음으로 아브라함은 부르심을 받았을 때에 순종하여 장래의 유업으로 받을 땅에 나아갈새 갈 바를 알지 못하고 나아갔으며
9 믿음으로 그가 이방의 땅에 있는 것같이 약속의 땅에 거류하여 동일한 약속을 유업으로 함께 받은 이삭과 야곱과 더불어 장막에 거하였으니
10 이는 그가 하나님이 계획하시고 지으실 터가 있는 성을 바랐음이라
11 믿음으로 사라 자신도 나이가 많아 단산하였으나 잉태할 수 있는 힘을 얻었으니 이는 약속하신 이를 미쁘신 줄 알았음이라
12 이러므로 죽은 자와 같은 한 사람으로 말미암아 하늘의 허다한 별과 또 해변의 무수한 모래와 같이 많은 후손이 생육하였느니라
13 이 사람들은 다 믿음을 따라 죽었으며 약속을 받지 못하였으되 그것들을 멀리서 보고 환영하며 또 땅에서는 외국인과 나그네임을 증언하였으니
14 그들이 이같이 말하는 것은 자기들이 본향

1. 본문을 참고하여 빈칸의 이름을 완성하고 알맞게 연결해보세요.

ㅇ ㅂ	•	• 하나님을 믿었기 때문에 가족들을 구원할 수 있었다.
ㄹ ㅎ	•	• 하나님을 기쁘시게 하는 제사를 드렸다.
ㅁ ㅅ	•	• 하나님과 동행함으로 죽음을 경험하지 않았다.
ㅇ ㅂ ㄹ ㅎ	•	• 죽은 사람과 같았지만 후손을 얻을 힘을 얻었다.
ㅇ ㄴ	•	• 하나님이 죽은 사람을 살리실 것을 믿었다.
ㅅ ㄹ	•	• 하나님의 백성과 함께하기 위해 왕궁의 삶을 버렸다.
ㄴ ㅇ	•	• 적국이었던 하나님의 백성을 따뜻하게 영접했다.

찾는 자임을 나타냄이라
15 그들이 나온바 본향을 생각하였더라면 돌아
갈 기회가 있었으려니와
16 그들이 이제는 더 나은 본향을 사모하니 곧
하늘에 있는 것이라 이러므로 하나님이 그들
의 하나님이라 일컬음 받으심을 부끄러워하
지 아니하시고 그들을 위하여 한 성을 예비
하셨느니라
17 아브라함은 시험을 받을 때에 믿음으로 이삭
을 드렸으니 그는 약속들을 받은 자로되 그
외아들을 드렸느니라
18 그에게 이미 말씀하시기를 네 자손이라 칭할
자는 이삭으로 말미암으리라 하셨으니
19 그가 하나님이 능히 이삭을 죽은 자 가운데
서 다시 살리실 줄로 생각한지라 비유컨대
그를 죽은 자 가운데서 도로 받은 것이니라
20 믿음으로 이삭은 장차 있을 일에 대하여 야
곱과 에서에게 축복하였으며
21 믿음으로 야곱은 죽을 때에 요셉의 각 아들
에게 축복하고 그 지팡이 머리에 의지하여
경배하였으며
22 믿음으로 요셉은 임종시에 이스라엘 자손들
이 떠날 것을 말하고 또 자기 뼈를 위하여 명
하였으며
23 믿음으로 모세가 났을 때에 그 부모가 아름
다운 아이임을 보고 석 달 동안 숨겨 왕의 명
령을 무서워 아니하였으며
24 믿음으로 모세는 장성하여 바로의 공주의 아
들이라 칭함 받기를 거절하고
25 도리어 하나님의 백성과 함께 고난 받기를 잠
시 죄악의 낙을 누리는 것보다 더 좋아하고
26 그리스도를 위하여 받는 수모를 애굽의 모든
보화보다 더 큰 재물로 여겼으니 이는 상 주
심을 바라봄이라
27 믿음으로 애굽을 떠나 왕의 노함을 무서워하
지 아니하고 곧 보이지 아니하는 자를 보는
것같이 하여 참았으며
28 믿음으로 유월절과 피 뿌리는 예를 정하였으
니 이는 장자를 멸하는 자로 그들을 건드리
지 않게 하려 한 것이며
29 믿음으로 그들은 홍해를 육지같이 건넜으나
애굽 사람들은 이것을 시험하다가 빠져 죽었
으며
30 믿음으로 칠 일 동안 여리고를 도니 성이 무
너졌으며
31 믿음으로 기생 라합은 정탐꾼을 평안히 영접
하였으므로 순종하지 아니한 자와 함께 멸망
하지 아니하였도다

2. 본문에 등장하는 사람들의 공통점을 모두 체크해보세요.

☐ 믿음의 행동을 통해 기적을 체험하였다.

☐ 믿음의 행동에 대해 후회했다.

☐ 믿음을 위해 어떤 희생도 두려워하지 않았다.

☐ 믿음의 행동으로 하나님께 복을 받았다.

3. 히브리서를 쓴 기자는 믿음이란 무엇이라고 하였나요?

나는 믿습니다

그림을 보며 '믿음'의 두 가지 의미를 알아봅시다. 그리고 우리의 믿음을 그 의미에 맞게 표현해보세요.

"Believe in"

어떤 대상의 존재, 성품, 능력을 믿음.

나는

1. .... 을(를)

2. .... 을(를)

믿습니다.

"Trust"

논리적인 자료나 근거가 없더라도 나의 기도와 간구에 응답해주실 것을 믿음.

나는

1. .... 을(를)

2. .... 을(를)

믿습니다.

믿음이 없이는 하나님을 기쁘시게 하지 못하나니 하나님께 나아가는 자는 반드시 그가 계신 것과 또한 그가 자기를 찾는 자들에게 상 주시는 이심을 믿어야 할지니라(히 11:6)

02 순종하는 믿음, 노아

성경본문 창세기 6:5-22
중심구절 창세기 6:22

노아의 방주

노아가 만든 방주의 크기는 실제로 어느 정도일까요? 아래에 있는 축구장 위에 노아의 방주를 그려보세요.

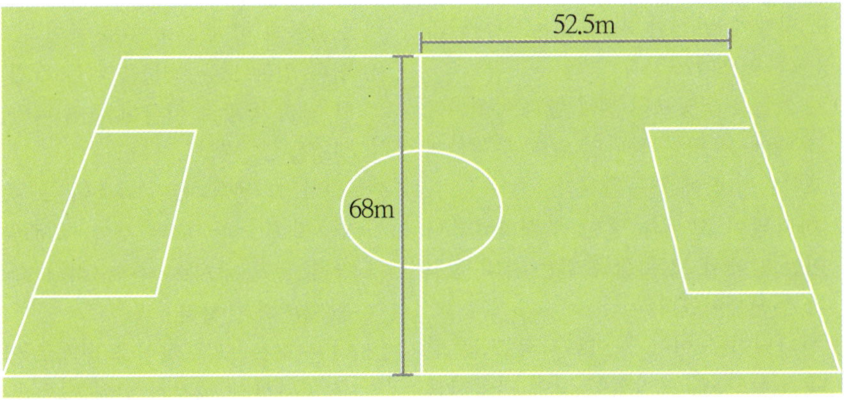

방주 건조 정보

방주의 주재료 : 고페르 나무, 역청
방주 건조자 : 노아와 그의 가족
방주의 크기 : 길이-300규빗, 너비-50규빗, 높이-30규빗(1규빗≒45cm)

어떠한 상황 속에도

창세기 6:5-22

5 여호와께서 사람의 죄악이 세상에 가득
함과 그의 마음으로 생각하는 모든 계
획이 항상 악할 뿐임을 보시고
6 땅 위에 사람 지으셨음을 한탄하사 마
음에 근심하시고
7 이르시되 내가 창조한 사람을 내가 지
면에서 쓸어버리되 사람으로부터 가축
과 기는 것과 공중의 새까지 그리하리
니 이는 내가 그것들을 지었음을 한탄
함이니라 하시니라
8 그러나 노아는 여호와께 은혜를 입었더라
9 이것이 노아의 족보니라 노아는 의인이
요 당대에 완전한 자라 그는 하나님과
동행하였으며
10 세 아들을 낳았으니 셈과 함과 야벳이라
11 그 때에 온 땅이 하나님 앞에 부패하여
포악함이 땅에 가득한지라
12 하나님이 보신즉 땅이 부패하였으니
이는 땅에서 모든 혈육 있는 자의 행위
가 부패함이었더라
13 하나님이 노아에게 이르시되 모든 혈
육 있는 자의 포악함이 땅에 가득하므
로 그 끝 날이 내 앞에 이르렀으니 내
가 그들을 땅과 함께 멸하리라
14 너는 고페르 나무로 너를 위하여 방주
를 만들되 그 안에 칸들을 막고 역청을
그 안팎에 칠하라
15 네가 만들 방주는 이러하니 그 길이는
삼백 규빗, 너비는 오십 규빗, 높이는
삼십 규빗이라
16 거기에 창을 내되 위에서부터 한 규빗
에 내고 그 문은 옆으로 내고 상 중 하
삼층으로 할지니라
17 내가 홍수를 땅에 일으켜 무릇 생명의
기운이 있는 모든 육체를 천하에서 멸절
하리니 땅에 있는 것들이 다 죽으리라
18 그러나 너와는 내가 내 언약을 세우리
니 너는 네 아들들과 네 아내와 네 며
느리들과 함께 그 방주로 들어가고
19 혈육 있는 모든 생물을 너는 각기 암수
한 쌍씩 방주로 이끌어 들여 너와 함께
생명을 보존하게 하되
20 새가 그 종류대로, 가축이 그 종류대
로, 땅에 기는 모든 것이 그 종류대로
각기 둘씩 네게로 나아오리니 그 생명
을 보존하게 하라
21 너는 먹을 모든 양식을 네게로 가져다
가 저축하라 이것이 너와 그들의 먹을
것이 되리라
22 노아가 그와 같이 하여 하나님이 자기
에게 명하신 대로 다 준행하였더라

1. 하나님이 세상을 물로 심판하시기로 결정하신 이유는 무엇인가요?

2. 하나님이 많은 사람들 중 노아에게 방주를 짓게 하신 까닭은 무엇인가요?(히 11:7)

히브리서 11:7

믿음으로 노아는 아직 보이지 않는 일에 경고하심을 받아 경외함으로 방주를 준비하여 그 집을 구원하였으니 이로 말미암아 세상을 정죄하고 믿음을 따르는 의의 상속자가 되었느니라

3. 방주사건을 볼 때 노아의 믿음은 어떤 믿음이라고 할 수 있을까요?

① 잘 안 들리는데요, 주님

② 에이~ 하나님이 설마
그러실 리가 없지!

③ 절대순종!

④ 왜 하필 저인가요?

순종 서약서

이번 주는 노아처럼 온전한 믿음을 하나님께 드려봅시다. 예수님이 나에게 어떤 순종을 원하실지 예수님의 마음으로 빈칸에 순종의 내용을 적어보고 노아의 믿음을 기억하면서 잘 지켜봅시다.

노아가 그와 같이 하여 하나님이 자기에게 명하신 대로 다 준행하였더라(창 6:22)

03 내려놓음의 축복, 아브라함

성경본문 창세기 12:1-5, 15:1-6, 21:1-5
중심구절 창세기 15:6

뛰어라

당신도 뛸 수 있나요?

창세기 12:1-5

1 여호와께서 아브람에게 이르시되 너는 너의 고향과 친척과 아버지의 집을 떠
나 내가 네게 보여 줄 땅으로 가라
2 내가 너로 큰 민족을 이루고 네게 복을 주어 네 이름을 창대하게 하리니 너는
복이 될지라
3 너를 축복하는 자에게는 내가 복을 내리고 너를 저주하는 자에게는 내가 저주
하리니 땅의 모든 족속이 너로 말미암아 복을 얻을 것이라 하신지라
4 이에 아브람이 여호와의 말씀을 따라갔고 롯도 그와 함께 갔으며 아브람이 하
란을 떠날 때에 칠십오 세였더라
5 아브람이 그의 아내 사래와 조카 롯과 하란에서 모은 모든 소유와 얻은 사람들
을 이끌고 가나안 땅으로 가려고 떠나서 마침내 가나안 땅에 들어갔더라

창세기 15:1-6

1 이후에 여호와의 말씀이 환상 중에 아브람에게 임하여 이르시되 아브람아 두
려워하지 말라 나는 네 방패요 너의 지극히 큰 상급이니라
2 아브람이 이르되 주 여호와여 무엇을 내게 주시려 하나이까 나는 자식이 없사
오니 나의 상속자는 이 다메섹 사람 엘리에셀이니이다
3 아브람이 또 이르되 주께서 내게 씨를 주지 아니하셨으니 내 집에서 길린 자가
내 상속자가 될 것이니이다
4 여호와의 말씀이 그에게 임하여 이르시되 그 사람이 네 상속자가 아니라 네 몸
에서 날 자가 네 상속자가 되리라 하시고
5 그를 이끌고 밖으로 나가 이르시되 하늘을 우러러 뭇별을 셀 수 있나 보라 또
그에게 이르시되 네 자손이 이와 같으리라
6 아브람이 여호와를 믿으니 여호와께서 이를 그의 공의로 여기시고

창세기 21:1-5

1 여호와께서 말씀하신 대로 사라를 돌보셨고 여호와께서 말씀하신 대로 사라에
게 행하셨으므로
2 사라가 임신하고 하나님이 말씀하신 시기가 되어 노년의 아브라함에게 아들을
낳으니
3 아브라함이 그에게 태어난 아들 곧 사라가 자기에게 낳은 아들을 이름하여 이
삭이라 하였고
4 그 아들 이삭이 난 지 팔 일 만에 그가 하나님이 명령하신 대로 할례를 행하였
더라
5 아브라함이 그의 아들 이삭이 그에게 태어날 때에 백세라

아브라함 공식

1. 아브람이 가나안 땅으로 들어가게 된 이유는 무엇일까요?

2. 아브람이 가나안 땅으로 들어가기 위해 포기한 것들은 무엇인가요?

3. 아브람이 믿었던 하나님의 약속은 무엇인가요?

창세기 12:1-5

창세기 15:1-6

4. 이제 아브라함 이야기를 통해 아브라함의 '세모꼴 믿음'을 완성해보세요.

하나님의 명령

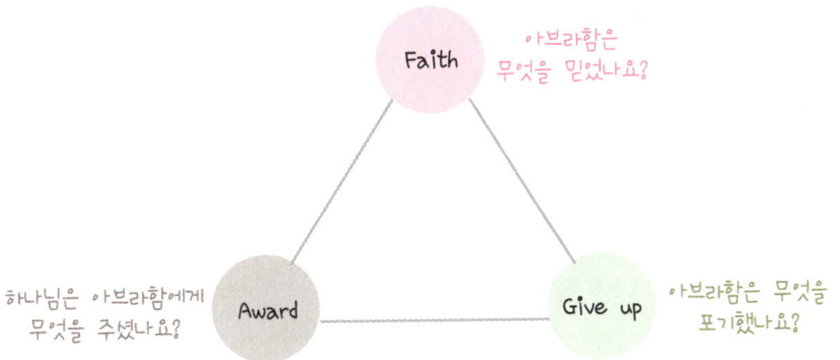

나의 믿음공식

하나님의 명령

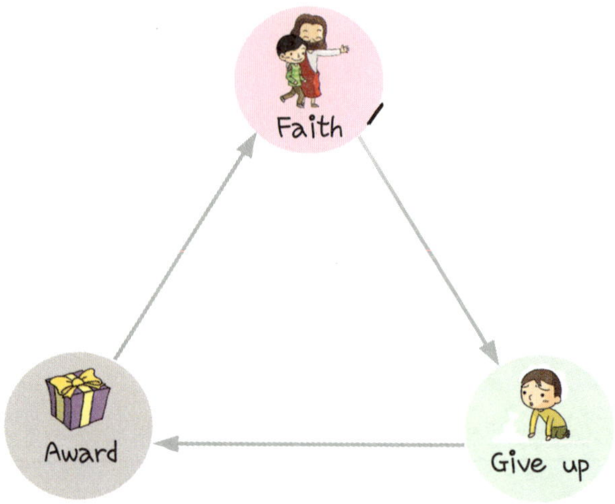

Faith 내가 믿고 기도하는 것은 무엇인가요?

Give up 나는 하나님을 위해 무엇을 포기해야 하나요?

Award 하나님이 나의 믿음을 보시고 나에게 주실 상은 무엇일까요?

아브람이 여호와를 믿으니 여호와께서 이를 그의 의로 여기시고(창 15:6)

04 시련을 이기는 믿음, 요셉

성경본문 창세기 37:18-24,28, 39:1-3,7,10,17-21
중심구절 창세기 39:2-3,21

국가대표

올림픽 국가대표가 된 당신, 대표팀의 목표는 금메달입니다. 아래 훈련 종류를 보고 오른쪽 일정표에 선수들의 훈련일정을 만들어봅시다.

훈련 종류

- 근력운동
- 체력운동
- 전술훈련
- 개인운동
- 지구력운동
- 휴식, 식사, 취침

훈련일정

시간	훈련
4:00-5:00	
5:00-6:00	
6:00-7:00	
7:00-8:00	
8:00-9:00	
9:00-10:00	
10:00-11:00	
11:00-12:00	
12:00-13:00	
13:00-14:00	
14:00-15:00	
15:00-16:00	
16:00-17:00	
17:00-18:00	
18:00-19:00	
19:00-20:00	
20:00-21:00	
21:00-22:00	
22:00-23:00	
23:00-24:00	

당신은 천국대표, 하나님은 감독님!

요셉의 시련

1. 시련이 올 때마다 요셉의 심정과 행동은 어떠했나요? 그런 요셉을 보시는 하나님의 마음과 행하심은 어떠했나요? 본문을 읽고 상상해서 써보세요.

첫 번째 시련 : **버림받은 요셉**

요셉의 심정

하나님의 행하심

두 번째 시련 : **노예가 된 요셉**

요셉의 심정

하나님의 행하심

세 번째 시련 : **누명을 쓴 요셉**

요셉의 심정

하나님의 행하심

2. 하나님이 요셉에게 시련을 주신 까닭은 무엇일까요?

첫 번째 시련 : 버림받은 요셉(창 37장)

18 요셉이 그들에게 가까이 오기 전에 그들이 요셉을 멀리서 보고 죽이기를 꾀하여
19 서로 이르되 꿈꾸는 자가 오는도다
20 자, 그를 죽여 한 구덩이에 던지고 우리가 말하기를 악한 짐승이 그를 잡아먹었다 하자 그의 꿈이 어떻게 되는지를 우리가 볼 것이니라 하는지라
23 요셉이 형들에게 이르매 그의 형들이 요셉의 옷 곧 그가 입은 채색옷을 벗기고
24 그를 잡아 구덩이에 던지니 그 구덩이는 빈 것이라 그 속에 물이 없었더라
28 그 때에 미디안 사람 상인들이 지나가고 있는지라 형들이 요셉을 구덩이에서 끌어올리고 은 이십에 그를 이스마엘 사람들에게 팔매 그 상인들이 요셉을 데리고 애굽으로 갔더라

두 번째 시련 : 노예가 된 요셉(창 39장)

1 요셉이 이끌려 애굽에 내려가매 바로의 신하 친위대장 애굽 사람 보디발이 그를 그리로 데려간 이스마엘 사람의 손에서 요셉을 사니라
2 여호와께서 요셉과 함께하시므로 그가 형통한 자가 되어 그의 주인 애굽 사람의 집에 있으니
3 그의 주인이 여호와께서 그와 함께 하심을 보며 또 여호와께서 그의 범사에 형통하게 하심을 보았더라

세 번째 시련 : 누명을 쓴 요셉(창 39장)

7 그 후에 그의 주인의 아내가 요셉에게 눈짓하다가 동침하기를 청하니
10 여인이 날마다 요셉에게 청하였으나 요셉이 듣지 아니하여 동침하지 아니할 뿐더러 함께 있지도 아니하니라
17 이 말로 그에게 말하여 이르되 당신이 우리에게 데려온 히브리 종이 나를 희롱하려고 내게로 들어왔으므로
18 내가 소리 질러 불렀더니 그가 그의 옷을 내게 버려두고 밖으로 도망하여 나갔나이다
19 그의 주인이 자기 아내가 자기에게 이르기를 당신의 종이 내게 이같이 행하였다 하는 말을 듣고 심히 노한지라
20 이에 요셉의 주인이 그를 잡아 옥에 가두니 그 옥은 왕의 죄수를 가두는 곳이었더라 요셉이 옥에 갇혔으나
21 여호와께서 요셉과 함께하시고 그에게 인자를 더하사 간수장에게 은혜를 받게 하시매

3. 많은 시련에도 불구하고 요셉은 어떻게 행하였나요?

시련대책위원회

지금 나는 어떤 시련을 겪고 있나요? 그렇다면 어떻게 극복해야 할까요? 표를 보면서 각자 진단해보고 시련의 대처법도 함께 생각해보세요.

나의 시련은?

① 앗! 나의 실수

내가 시련을 겪고 있는 이유는 내가 잘못을 했기 때문이다.

② 사탄의 훼방

내가 시련을 겪고 있는 이유는 사탄이 내 믿음을 꺾어버리기 위함이다.

③ 하나님의 훈련

내가 겪고 있는 시련은 하나님이 내 믿음을 훈련시키고 계신 것이다.

시련대처법 1

시련대처법 2

시련대처법 3

여호와께서 요셉과 함께하시고 그에게 인자를 더하사 간수장에게 은혜를 받게 하시매(창 39:21)

05 인생을 바꾼 믿음, 라합

성경본문 여호수아 2:1-15
중심구절 여호수아 2:11

연상퀴즈

다음 단어를 듣고 생각나는 사람이나 사건은 무엇인가요?

내가 행하거든 나를 믿지 아니할지라도 그 일은 믿으라
그러면 너희가 아버지께서 내 안에 계시고 내가 아버지 안에 있음을
깨달아 알리라 하시니(요 10:38)

일촉즉발의 위기

여호수아 2:1-15

1 눈의 아들 여호수아가 싯딤에서 두 사람을 정탐꾼으로 보내며 이르되 가서 그
땅과 여리고를 엿보라 하매 그들이 가서 라합이라 하는 기생의 집에 들어가 거
기서 유숙하더니
2 어떤 사람이 여리고 왕에게 말하여 이르되 보소서 이 밤에 이스라엘 자손 중의
몇 사람이 이 땅을 정탐하러 이리로 들어왔나이다
3 여리고 왕이 라합에게 사람을 보내어 이르되 네게로 와서 네 집에 들어간 그
사람들을 끌어내라 그들은 이 온 땅을 정탐하러 왔느니라
4 그 여인이 그 두 사람을 이미 숨긴지라 이르되 과연 그 사람들이 내게 왔었으
나 그들이 어디에서 왔는지 나는 알지 못하였고
5 그 사람들이 어두워 성문을 닫을 때쯤 되어 나갔으니 어디로 갔는지 내가 알지
못하나 급히 따라가라 그리하면 그들을 따라 잡으리라 하였으나
6 그가 이미 그들을 이끌고 지붕에 올라가서 그 지붕에 벌여 놓은 삼대에 숨겼더라
7 그 사람들은 요단 나루터까지 그들을 쫓아갔고 그들을 뒤쫓는 자들이 나가자
곧 성문을 닫았더라
8 또 그들이 눕기 전에 라합이 지붕에 올라가서 그들에게 이르러

1. 여리고성의 사람들이 이스라엘 백성들을 두려워한 이유는 무엇인가요?(10절)

2. 라합은 여호수아가 보낸 두 명의 정탐꾼들을 어떻게 대했나요?(3-6절)

3. 라합의 행동에 어떤 위험이 따를 수 있었을까요?

9 말하되 여호와께서 이 땅을 너희에게 주신 줄을 내가 아노라 우리가 너희를 심
히 두려워하고 이 땅 주민들이 다 너희 앞에서 간담이 녹나니
10 이는 너희가 애굽에서 나올 때에 여호와께서 너희 앞에서 홍해 물을 마르게
하신 일과 너희가 요단 저쪽에 있는 아모리 사람의 두 왕 시혼과 옥에게 행한
일 곧 그들을 전멸시킨 일을 우리가 들었음이니라
11 우리가 듣자 곧 마음이 녹았고 너희로 말미암아 사람이 정신을 잃었나니 너희
의 하나님 여호와는 위로는 하늘에서도 아래로는 땅에서도 하나님이시니라
12 그러므로 이제 청하노니 내가 너희를 선대하였은즉 너희도 내 아버지의 집을
선대하도록 여호와의 이름으로 내게 맹세하고 내게 증표를 내라
13 그리고 나의 부모와 나의 남녀 형제와 그들에게 속한 모든 사람을 살려 주어
우리 목숨을 죽음에서 건져내라
14 그 사람들이 그에게 이르되 네가 우리의 이 일을 누설하지 아니하면 우리의
목숨으로 너희를 대신할 것이요 여호와께서 우리에게 이 땅을 주실 때에는 인
자하고 진실하게 너를 대우하리라
15 라합이 그들을 창문에서 줄로 달아 내리니 그의 집이 성벽 위에 있으므로 그
가 성벽 위에 거주하였음이라

4. 라합이 위험을 감수하면서 이스라엘 정탐꾼들을 숨겨준 까닭은 무엇인가요?

5. 라합의 믿음의 행동은 어떤 결과를 가져왔나요?

나의 믿음은?

라합은 오직 '믿음'만으로 자신과 온 가족의 목숨을 하나님께 의지하였습니다. 그렇다면 나의 믿음의 현주소는 어디쯤일까요?

너희의 하나님 여호와는 위로는 하늘에서도 아래로는 땅에서도 하나님이시니라(수 2:11)

06 기적을 부르는 믿음, 바디매오

성경본문 마가복음 10:46-52
중심구절 마가복음 10:47

출동! 화재현장

생과 사를 넘나드는 화재현장입니다! 친구와 함께 짝을 이루어 그림 속 말풍선에 대화들을 채워봅시다.

1. 본문 말씀을 읽고 말풍선을 채워보세요.

바디매오 이야기

마가복음 10:46-52

46 그들이 여리고에 이르렀더니 예수께서 제자들과 허다한 무리와 함
께 여리고에서 나가실 때에 디매오의 아들인 맹인 거지 바디매오가
길가에 앉았다가
47 나사렛 예수시란 말을 듣고 소리 질러 이르되 다윗의 자손 예수여
나를 불쌍히 여기소서 하거늘
48 많은 사람이 꾸짖어 잠잠하라 하되 그가 더욱 소리 질러 이르되 다
윗의 자손이여 나를 불쌍히 여기소서 하는지라
49 예수께서 머물러 서서 그를 부르라 하시니 그들이 그 맹인을 부르며
이르되 안심하고 일어나라 그가 너를 부르신다 하매
50 맹인이 겉옷을 내버리고 뛰어 일어나 예수께 나아오거늘
51 예수께서 말씀하여 이르시되 네게 무엇을 하여 주기를 원하느냐 맹
인이 이르되 선생님이여 보기를 원하나이다
52 예수께서 이르시되 가라 네 믿음이 너를 구원하였느니라 하시니 그
가 곧 보게 되어 예수를 길에서 따르니라

2. 여리고성에 사는 바디매오는 어떤 처지에 놓인 사람이었나요?

3. 예수님이 바디매오의 병을 고쳐주신 결정적인 계기는 무엇이었나요?

나의 기도, 어떤 기도?

나의 기도는 예수님이 흔쾌히 응답해 주실만큼 간절한가요? 각 그림을 보며 기도의 특징을 적어보고 나의 기도는 어떤지 점검해보세요.

바디매오

기도의 특징

예수님만이 유일한 소망임을 믿고 응답해주실 때까지 간절하게 부르짖는 기도

바리새인

기도의 특징

서낭당

기도의 특징

그럼, 나는 어떤 기도?

07 믿기 어려울 때

성경본문 누가복음 8:40-56
중심구절 누가복음 8:48,50

Can you?

다음 상황에서 당신이 할 수 있는 범위를 골라 O 안에 번호를 써보세요.

보기
1. 이 행동을 하려면 아주 많은 믿음이 필요하다.
2. 이 행동을 하려면 많은 믿음이 필요하다.
3. 이 행동을 하려면 약간의 믿음이 필요하다.
4. 이 행동을 하려면 거의 믿음이 필요하지 않다.
5. 이 행동을 하려면 전혀 믿음이 필요하지 않다.

○ 스카이 다이빙

○ 짝사랑 상대에게 사랑고백

○ 전교생 앞에서 장기자랑

○ 우리반 짱에게 대항하기

○ 공부안하고 수능보기

○ 길거리 전도

누가복음 8:40-56

40 예수께서 돌아오시매 무리가 환영하니 이는 다 기다렸음이러라
41 이에 회당장인 야이로라 하는 사람이 와서 예수의 발 아래에 엎드려 자기 집
에 오시기를 간구하니
42 이는 자기에게 열두 살 된 외딸이 있어 죽어감이러라 예수께서 가실 때에 무
리가 밀려들더라
43 이에 열두 해를 혈루증으로 앓는 중에 아무에게도 고침을 받지 못하던 여자가
44 예수의 뒤로 와서 그 옷 가에 손을 대니 혈루증이 즉시 그쳤더라
45 예수께서 이르시되 내게 손을 댄 자가 누구냐 하시니 다 아니라 할 때에 베드
로가 이르되 주여 무리가 밀려들어 미나이다
46 예수께서 이르시되 내게 손을 댄 자가 있도다 이는 내게서 능력이 나간 줄 앎
이로다 하신대
47 여자가 스스로 숨기지 못할 줄 알고 떨며 나아와 엎드리어 그 손 댄 이유와
곧 나은 것을 모든 사람 앞에서 말하니
48 예수께서 이르시되 딸아 네 믿음이 너를 구원하였으니 평안히 가라 하시더라
49 아직 말씀하실 때에 회당장의 집에서 사람이 와서 말하되 당신의 딸이 죽었나
이다 선생을 더 괴롭게 하지 마소서 하거늘
50 예수께서 들으시고 이르시되 두려워하지 말고 믿기만 하라 그리하면 딸이 구
원을 얻으리라 하시고
51 그 집에 이르러 베드로와 요한과 야고보와 아이의 부모 외에는 함께 들어가기
를 허락하지 아니하시니라
52 모든 사람이 아이를 위하여 울며 통곡하매 예수께서 이르시되 울지 말라 죽은
것이 아니라 잔다 하시니
53 그들이 그 죽은 것을 아는 고로 비웃더라
54 예수께서 아이의 손을 잡고 불러 이르시되 아이야 일어나라 하시니
55 그 영이 돌아와 아이가 곧 일어나거늘 예수께서 먹을 것을 주라 명하시니
56 그 부모가 놀라는지라 예수께서 경고하사 이 일을 아무에게도 말하지 말라 하
시니라

1. 혈루증을 앓았던 여인의 지난 12년의 삶은 어땠을까요?

2. 회당장 야이로가 예수님 발 앞에 꿇어 엎드린 까닭은 무엇인가요?(눅 8:41-42)

3. 성경본문에 등장하는 사람들의 믿음은 어떤지 표시해보고 그 이유도 생각해보세요.

예수님과
가까이하려는 무리

이유?

12년 동안 혈루증을
앓던 가난한 여인

이유?

회당장 야이로

이유?

야이로의 딸이 죽어서
슬퍼하는 사람들

이유?

미션을 수행하라

나의 기도제목을 미션지도 1단계에 써보고 각 단계마다 구체적인 기도제목과 그에 알맞은 실천미션을 쓴 뒤 한 주 동안 믿음으로 기도하며 실천해보세요.

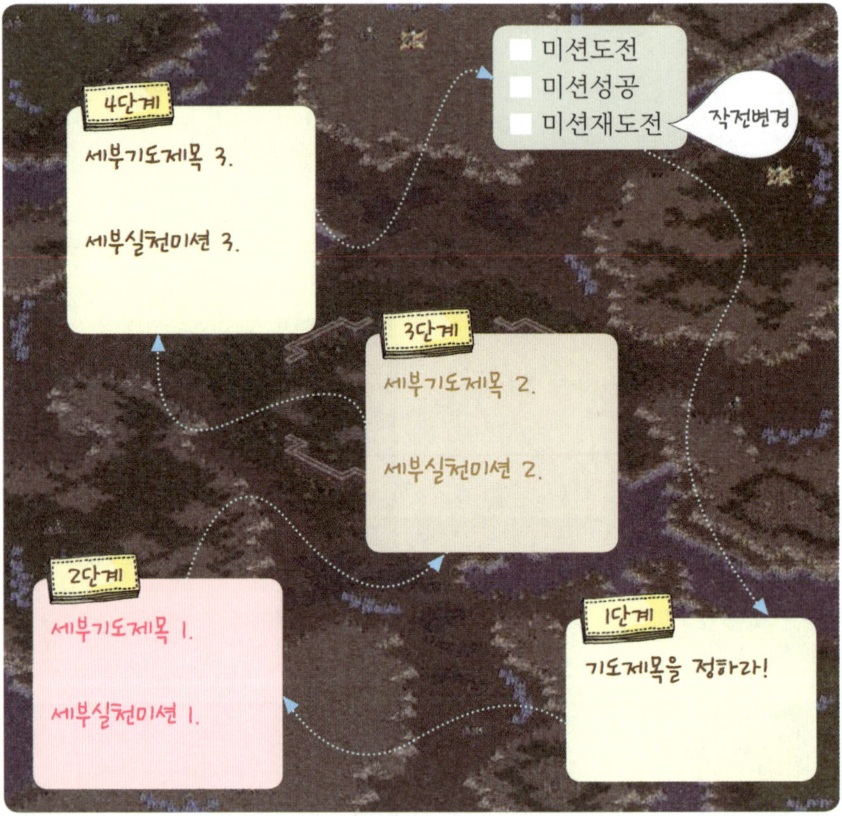

예 **1단계 기도제목** : 토리가 예수님을 믿게 해주세요.

2단계 세부기도제목 : 하나님, 토리와 친한 친구가 되게 해주세요.

세부실천미션 : 점심시간에 밥을 같이 먹으며 친해져보자!

3단계 세부기도제목 : 토리에게 교회에 관해 이야기할 기회를 주세요.

세부실천미션 : 매점에서 간식 먹으면서 토리에게 교회 이야기를 하자!

4단계 세부기도제목 : 토리에게 예수님에 대해 이야기할 기회를 주세요.

세부실천미션 : 토리와 진지한 대화를 나누며 예수님을 전한다.

08 칭찬받는 믿음

성경본문 마태복음 8:5-13
중심구절 마태복음 8:10

계급놀이

친구들과 함께 가위 바위 보를 한 후 이긴 순서대로 마음에 드는 계급장을 선택하고 3분 동안 '계급놀이'를 해보세요(상위계급은 하위계급에게 무엇이든 명령할 수 있습니다).

우리는 법규를 준수하고 상관의 명령에 절대 복종한다!
- 대한민국 육군 복무신조 중 세 번째 신조 -

놀라운 믿음

마태복음 8:5-13

5 예수께서 가버나움에 들어가시니 한 백부장이 나아와 간구하여
6 이르되 주여 내 하인이 중풍병으로 집에 누워 몹시 괴로워하나이다
7 이르시되 내가 가서 고쳐 주리라
8 백부장이 대답하여 이르되 주여 내 집에 들어오심을 나는 감당하지 못하겠사
오니 다만 말씀으로만 하옵소서 그러면 내 하인이 낫겠사옵나이다
9 나도 남의 수하에 있는 사람이요 내 아래에도 군사가 있으니 이더러 가라 하면
가고 저더러 오라 하면 오고 내 종더러 이것을 하라 하면 하나이다
10 예수께서 들으시고 놀랍게 여겨 따르는 자들에게 이르시되 내가 진실로 너희
에게 이르노니 이스라엘 중 아무에게서도 이만한 믿음을 보지 못하였노라
11 또 너희에게 이르노니 동서로부터 많은 사람이 이르러 아브라함과 이삭과 야
곱과 함께 천국에 앉으려니와
12 그 나라의 본 자손들은 바깥 어두운 데 쫓겨나 거기서 울며 이를 갈게 되리라
13 예수께서 백부장에게 이르시되 가라 네 믿은 대로 될지어다 하시니 그 즉시
하인이 나으니라

1. 백부장이 하는 일은 무엇이었나요?

① 회당 건축가

② 회사원

③ 군인(지휘관)

④ 가버나움 시장

2. 예수님이 백부장에게 감동하신 까닭은 무엇일까요?

3. 예수님이 이스라엘의 자손들이 바깥 어두운 데 쫓겨나 거기서 울며 이를 갈게 될 것이라고 하신 이유는 무엇일까요?

백부장의 믿음 '오행시'

오늘 배운 '백부장의 믿음'을 떠올리며 오행시를 적어보세요. 완성된 오행시를 함께 읽으며 백부장의 믿음과 예수님의 사랑과 은혜를 묵상해보세요.

백 ....

부 ....

장 ....

믿 ....

음 ....

백부장이 대답하여 이르되 주여 내 집에 들어오심을 나는 감당하지 못하겠사오니 다만 말씀으로만 하옵소서 그리하면 내 하인이 낫겠사옵나이다(마 8:8)

날마다 말씀먹기

창 세 기	1	2	3	4	5	6	7	8	9	10	11	12	13	14	15	16	17	18	19	20	21	22	23	24	25
	26	27	28	29	30	31	32	33	34	35	36	37	38	39	40	41	42	43	44	45	46	47	48	49	50
출애굽기	1	2	3	4	5	6	7	8	9	10	11	12	13	14	15	16	17	18	19	20	21	22	23	24	25
	26	27	28	29	30	31	32	33	34	35	36	37	38	39	40										
레 위 기	1	2	3	4	5	6	7	8	9	10	11	12	13	14	15	16	17	18	19	20	21	22	23	24	25
	26	27																							
민 수 기	1	2	3	4	5	6	7	8	9	10	11	12	13	14	15	16	17	18	19	20	21	22	23	24	25
	26	27	28	29	30	31	32	33	34	35	36														
신 명 기	1	2	3	4	5	6	7	8	9	10	11	12	13	14	15	16	17	18	19	20	21	22	23	24	25
	26	27	28	29	30	31	32	33	34																
여호수아	1	2	3	4	5	6	7	8	9	10	11	12	13	14	15	16	17	18	19	20	21	22	23	24	
사 사 기	1	2	3	4	5	6	7	8	9	10	11	12	13	14	15	16	17	18	19	20	21				
룻 기	1	2	3	4																					
사무엘상	1	2	3	4	5	6	7	8	9	10	11	12	13	14	15	16	17	18	19	20	21	22	23	24	25
	26	27	28	29	30	31																			
사무엘하	1	2	3	4	5	6	7	8	9	10	11	12	13	14	15	16	17	18	19	20	21	22	23	24	
열왕기상	1	2	3	4	5	6	7	8	9	10	11	12	13	14	15	16	17	18	19	20	21	22			
열왕기하	1	2	3	4	5	6	7	8	9	10	11	12	13	14	15	16	17	18	19	20	21	22	23	24	25
역 대 상	1	2	3	4	5	6	7	8	9	10	11	12	13	14	15	16	17	18	19	20	21	22	23	24	25
	26	27	28	29																					
역 대 하	1	2	3	4	5	6	7	8	9	10	11	12	13	14	15	16	17	18	19	20	21	22	23	24	25
	26	27	28	29	30	31	32	33	34	35	36														
에 스 라	1	2	3	4	5	6	7	8	9	10															
느헤미야	1	2	3	4	5	6	7	8	9	10	11	12	13												
에 스 더	1	2	3	4	5	6	7	8	9	10															
욥 기	1	2	3	4	5	6	7	8	9	10	11	12	13	14	15	16	17	18	19	20	21	22	23	24	25
	26	27	28	29	30	31	32	33	34	35	36	37	38	39	40	41	42								
시 편	1	2	3	4	5	6	7	8	9	10	11	12	13	14	15	16	17	18	19	20	21	22	23	24	25
	26	27	28	29	30	31	32	33	34	35	36	37	38	39	40	41	42	43	44	45	46	47	48	49	50
	51	52	53	54	55	56	57	58	59	60	61	62	63	64	65	66	67	68	69	70	71	72	73	74	75
	76	77	78	79	80	81	82	83	84	85	86	87	88	89	90	91	92	93	94	95	96	97	98	99	100
	101	102	103	104	105	106	107	108	109	110	111	112	113	114	115	116	117	118	119	120	121	122	123	124	125
	126	127	128	129	130	131	132	133	134	135	136	137	138	139	140	141	142	143	144	145	146	147	148	149	150
잠 언	1	2	3	4	5	6	7	8	9	10	11	12	13	14	15	16	17	18	19	20	21	22	23	24	25
	26	27	28	29	30	31																			
전 도 서	1	2	3	4	5	6	7	8	9	10	11	12													
아 가	1	2	3	4	5	6	7	8																	
이 사 야	1	2	3	4	5	6	7	8	9	10	11	12	13	14	15	16	17	18	19	20	21	22	23	24	25
	26	27	28	29	30	31	32	33	34	35	36	37	38	39	40	41	42	43	44	45	46	47	48	49	50
	51	52	53	54	55	56	57	58	59	60	61	62	63	64	65	66									
예레미야	1	2	3	4	5	6	7	8	9	10	11	12	13	14	15	16	17	18	19	20	21	22	23	24	25
	26	27	28	29	30	31	32	33	34	35	36	37	38	39	40	41	42	43	44	45	46	47	48	49	50
	51	52																							
예레미야애가	1	2	3	4	5																				
에 스 겔	1	2	3	4	5	6	7	8	9	10	11	12	13	14	15	16	17	18	19	20	21	22	23	24	25
	26	27	28	29	30	31	32	33	34	35	36	37	38	39	40	41	42	43	44	45	46	47	48		

다 니 엘	1	2	3	4	5	6	7	8	9	10	11	12													
호 세 아	1	2	3	4	5	6	7	8	9	10	11	12	13	14											
요 엘	1	2	3																						
아 모 스	1	2	3	4	5	6	7	8	9																
오 바 댜	1																								
요 나	1	2	3	4																					
미 가	1	2	3	4	5	6	7																		
나 훔	1	2	3																						
하 박 국	1	2	3																						
스 바 냐	1	2	3																						
학 개	1	2																							
스 가 랴	1	2	3	4	5	6	7	8	9	10	11	12	13	14											
말 라 기	1	2	3	4																					

마태복음	1	2	3	4	5	6	7	8	9	10	11	12	13	14	15	16	17	18	19	20	21	22	23	24	25
	26	27	28																						
마가복음	1	2	3	4	5	6	7	8	9	10	11	12	13	14	15	16									
누가복음	1	2	3	4	5	6	7	8	9	10	11	12	13	14	15	16	17	18	19	20	21	22	23	24	
요한복음	1	2	3	4	5	6	7	8	9	10	11	12	13	14	15	16	17	18	19	20	21				
사도행전	1	2	3	4	5	6	7	8	9	10	11	12	13	14	15	16	17	18	19	20	21	22	23	24	25
	26	27	28																						
로 마 서	1	2	3	4	5	6	7	8	9	10	11	12	13	14	15	16									
고린도전서	1	2	3	4	5	6	7	8	9	10	11	12	13	14	15	16									
고린도후서	1	2	3	4	5	6	7	8	9	10	11	12	13												
갈라디아서	1	2	3	4	5	6																			
에베소서	1	2	3	4	5	6																			
빌립보서	1	2	3	4																					
골로새서	1	2	3	4																					
데살로니가전서	1	2	3	4	5																				
데살로니가후서	1	2	3																						
디모데전서	1	2	3	4	5	6																			
디모데후서	1	2	3	4																					
디 도 서	1	2	3																						
빌레몬서	1																								
히브리서	1	2	3	4	5	6	7	8	9	10	11	12	13												
야고보서	1	2	3	4	5																				
베드로전서	1	2	3	4	5																				
베드로후서	1	2	3																						
요한일서	1	2	3	4	5																				
요한이서	1																								
요한삼서	1																								
유 다 서	1																								
요한계시록	1	2	3	4	5	6	7	8	9	10	11	12	13	14	15	16	17	18	19	20	21	22			

토틴만의 특별한 커리큘럼

◆ 전체 구성

제목		내용
새 친구를 위한 복음의 핵심		교회에 처음 나온 새 친구들을 위한 교재로 신앙의 기초를 든든히 다지는 내용입니다.
신구약을 꿰뚫는 한눈에 보는 성경		신구약 파노라마로 구약은 시대와 등장인물을, 신약은 예수님과 초대교회를 중심으로 한 내용입니다.
1권 (1-4월)	하나님 안에서의 나의 신분	하나님 안에서 나를 발견하고 새롭게 변화되기, 그리고 사순절과 부활절에 대해 배웁니다.
2권 (5-8월)	거듭남, 그 이후	성경의 인물들과 예수님의 비유를 통해 거듭난 자로서 어떻게 살아가야 하는지에 대해 배웁니다.
3권 (9-12월)	비유로 배우는 하나님 나라	비유를 통해 하나님 나라를 배우고 소망하는 삶, 청소년들의 고민과 올바른 세계관 확립, 성탄절의 참 의미를 회복하는 내용으로 구성됩니다.
4권 (1-4월)	나는 예배자	예배가 무엇이며 예배자로 부름받은 나에 대해 배우고, 요한복음을 중심으로 한 사순절과 부활 절기를 다룹니다.
5권 (5-8월)	그리스도인의 관계형성	가정과 친구관계에서 그리스도인으로서의 정체성을 가지며, 성경 속 믿음의 인물들에 대해 배우고 나의 삶에 적용해봅니다.
6권 (9-12월)	어려운 질문	그리스도인으로 갖게 되는 어려운 질문들을 함께 생각해보고, 후반부에는 대림절과 크리스마스를 위한 내용을 배웁니다.
7권 (1-4월)	하나님과 친밀함 누리기	일상생활에서 하나님과 친밀함을 누리는 영적 훈련에 대해 배우며, 약속을 성취하시는 예수님을 중심으로 사순절과 부활절의 의미를 배웁니다.
8권 (5-8월)	여호와의 리더십학교	온전한 크리스천 리더십으로 성장하기 위해 우리 마음을 아름답게 가꾸는 내용과 성경 속 다양한 리더십에 대해 배웁니다.
9권 (9-12월)	성숙한 교회 공동체	성경 속 다양한 교회 공동체에 대해 배우며 '빛'을 주제로 한 대림절과 성탄절, 그리고 영혼을 사랑하는 복음 전도에 대해 배웁니다.

◆ 기초튼튼 과정

새 친구를 위한 복음의 핵심

- 창조, 하나님이 하신 일
- 죄, 하나님을 슬프게 하는 일
- 예수님, 우리를 위한 선물
- 거듭남, 변화된 삶을 향해
- 성령, 도우시는 하나님
- 성경, 살아있는 생명의 말씀
- 교회, 예수님의 몸
- 예배, 하나님을 기쁘시게

신구약을 꿰뚫는 한눈에 보는 성경

구약 이야기

- 창조와 타락 최초의 사람들
- 족장시대 약속을 받은 사람들
- 모세와 출애굽 약속의 땅을 향해
- 가나안 정복 젖과 꿀이 흐르는 땅
- 사사시대 시련과 실수
- 통일왕국시대 세 왕 이야기
- 분열왕국시대 하나님을 떠난 이스라엘
- 바벨론 유수와 포로 귀환 다시 세우는 이스라엘

신약 이야기

- 예수님의 세 가지 사역
- 십자가와 부활, 승천
- 초대교회의 탄생
- 박해받는 초대교회
- 교회의 부흥과 베드로의 사역
- 안디옥 교회와 최초의 선교사
- 바울의 전도여행
- 로마로 향하는 바울

◆ 1권-3권

1권 하나님 안에서의 나의 신분

하나님 안에서의 나의 신분

- 나를 지으신 주님
- 사랑받는 나
- 나는 부족하더라도
- 하나님 아버지의 마음
- 나는 주님의 기쁨
- 축복의 통로
- 나는 주님의 성전
- 주의 전신갑주를 입고

사순절과 기쁨의 50일 Ⅰ

- 아들을 보내신 하나님
- 사람으로 오신 예수님
- 죄인의 친구
- 선한 목자
- 십자가를 지심
- 살아나신 그리스도
- 마라나타
- 성령의 열매

2권 거듭남 그 이후

거듭남의 비밀

- 집중분석, 죄
- 진정한 회개
- 위대한 용서
- 하나님의 무한사랑
- 거듭남1. 제2의 인생
- 거듭남2. 거듭남의 축복
- 거듭남3. 성장의 비밀
- 거듭남4. 구원의 확신

그리스도인의 삶

- 예수님을 만난 후
- 주님만 높이는 삶
- 진정한 기쁨이란
- 서로 사랑하기
- 남을 향한 손가락
- 가장 어려운 일, 용서
- 선한 영향력을 미치는 삶
- 하늘에 속한 그리스도인

3권 비유로 배우는 하나님 나라

비유로 배우는 하나님 나라

- 소금과 빛
- 반석 위에 지은 집
- 선한 사마리아인
- 결실을 맺는 땅
- 포도원 품꾼
- 열 처녀 이야기
- 달란트 비유
- 양과 염소의 비유

청소년의 삶과 고민

- 스타에 열광하는 당신
- 따돌림도 죄가 되나요?
- 누가 좀 말려줘요!
- 그리스도인의 이성교제

대림절과 크리스마스 Ⅰ

- 약속 그대로
- 성탄목의 의미
- 찬송을 넘어 기쁨으로
- 성탄예배 선물

◆ 4권-6권

4권 나는 예배자

나는 예배자
- 나는 예배자
- 춤추는 예배자 다윗
- 멈출 수 없는 예배
- 예배의 네 기둥
- 찬양과 예배
- 함께 드리는 기도
- 드림의 비밀
- 안식일의 주인

사순절과 기쁨의 50일 II
- 향유를 부은 마리아
- 예루살렘으로 가는 길
- 마지막 설교, 한 알의 밀
- 고난과 영광의 길
- 부활하신 주님
- 디베랴 바닷가
- 감람산에서
- 마가의 다락방

5권 그리스도인의 관계형성

그리스도인의 관계형성
- 부모님 공경하기
- 싸우는 가정
- 깨어진 가정
- 믿지 않는 가정
- 다윗의 친구 요나단
- 중풍병자의 네 친구
- 우정의 황금률1. 선한 충고
- 우정의 황금률2. 섬김

믿음의 영웅들
- 믿음의 영웅들
- 순종하는 믿음, 노아
- 내려놓음의 축복, 아브라함
- 시련을 이기는 믿음, 요셉
- 인생을 바꾼 믿음, 라합
- 기적을 부르는 믿음, 바디매오
- 믿기 어려울 때
- 칭찬받는 믿음

6권 어려운 질문

기도베이직
- 기도 베이직
- 기도의 모범답안, 주기도문
- 어려울 때 드리는 기도
- 응답받는 믿음의 기도

어려운 질문
- 응답받지 못하는 기도의 이유는?
- 사탄은 정말로 있을까?
- 지옥은 정말로 있을까?
- 이단이 도대체 뭐야?
- 중독, 어두운 그림자
- 내가 고통당할 때 하나님은 어디 계시는가?
- 내가 믿음 때문에 손가락질 당할 때 하나님은 어디 계시는가?
- 내가 죽고 싶을 때 하나님은 어디 계시는가?

크리스마스 대림절과 II
- 가브리엘의 방문
- 성령으로 기뻐한 사람들
- 베들레헴에 오신 왕
- 성탄예배 찬송하는 목자들

◆ 7권-9권

7권 하나님과 친밀함 누리기

하나님과 친밀함 누리기
- 하나님의 우선순위
- 하나님은 나의 주?
- 인생 나침판
- 친밀함으로 한걸음 말씀읽기
- 친밀함으로 한걸음 말씀처럼
- 친밀함으로 한걸음 거룩하게
- 성령님과 함께 걸어요
- 주님 다시 오실때까지

사순절과 기쁨의 50일 III
- 약속
- 약속으로의 초대
- 거절당한 예수님
- 마지막 수업
- 흔들 수 없는 결심
- 가상칠언
- 부활의 증인되기
- 성령받은 후에

8권 여호와의 리더십 학교

내면의 삶 가꾸기
- 걱정거리
- 열등감
- 탐욕
- 분노
- 강요
- 위선
- 영적 실패
- 경시

여호와의 리더십 학교
- 희생과 섬김
- 사람 끌어안기
- 하나님께 묻는 리더
- 모세의 링커십
- 여호수아의 팔로어십
- 반면교사 솔로몬
- 느헤미야 프로젝트
- 리더 임명식

9권 성숙한 교회 공동체

성숙한 교회 공동체
- 그리스도의 몸 된 교회
- 하나의 교회
- 한몸된 지체를 사랑하는 교회
- 예배공동체
- 품어주고 회복시키는 교회
- 쓰다남은 부스러기
- 선교하는 공동체
- 뜨겁든지 차갑든지

전도
- 주님의 부르심
- 나의 프로필
- 잃어버린 한 영혼
- 나만의 전도스타일

크리스마스 대림절과 III
- 공의의 빛
- 기이한 빛
- 세상의 빛
- 성탄예배 빛의 축제

토틴시리즈 : 5권. 그리스도인의 관계형성

초판발행 2012년 7월 20일
4쇄발행 2016년 4월 5일
2판 3쇄 2023년 11월 20일

지은이 토기장이 교재연구팀
일러스트 김미용
대표 조애신
책임편집 김정민, 조미래
편집 이소연
디자인 지은주, 임은미
마케팅 전필영, 권희정
경영지원 전두표

발행처 도서출판 토기장이
주소 서울시 마포구 동교로 71-1 신광빌딩 2F
출판등록 1998년 5월 29일 제1998-000070호
전화 02-3143-0400
팩스 0505-300-0646
이메일 tletter77@naver.com
인스타그램 togijangi_books_

ISBN 978-89-7782-247-4

도서출판 토기장이는 생명 있는 책만 만듭니다.
“우리는 진흙이요 주는 토기장이시니 우리는 다 주의 손으로 지으신 것이니이다” (이사야 64:8)